Langenscheidt
Basiswissen Recht

Lexikon der wichtigsten Fachbegriffe

In Kooperation mit der

BUNDESRECHTSANWALTSKAMMER

Langenscheidt

Berlin · München · Wien · Zürich · New York

Bibliographische Information der Deutschen Nationalbibliothek
Die deutsche Nationalbibliothek verzeichnet diese Publikation in der Deutschen Nationalbibliografie; detaillierte bibliografische Daten sind im Internet über http://ddb.de abrufbar.

Satz: Franzis print & media GmbH, München
Druck: Druckhaus „Thomas Müntzer“ GmbH,
Bad Langensalza/Thüringen
Printed in Germany
ISBN-13: 978-3-86117-262-8
ISBN-10: 3-86117-262-3

Vorwort

Die Juristensprache gilt als schwer verständlich. Sicher, es gibt in der Juristerei viele Fachbegriffe. Aber die gibt es auf anderen Gebieten auch. Und wie beispielsweise in der Medizin haben auch in der Juristerei die Fachbegriffe ihren Sinn: Komplexe Zusammenhänge müssen so nicht jedes Mal aufs Neue umständlich umschrieben werden - es gibt ja den Fachbegriff. Und da Rechtsanwälte in ihrem Alltag z.B. beim Umgang mit den Gerichten oder bei der Lektüre der Fachliteratur hauptsächlich mit solchen Begriffen und Redewendungen arbeiten, werden sie nicht selten dazu verleitet, auch im Mandantengespräch das berühmte „Juristendeutsch" zu verwenden.
Mit diesem kleinen Wörterbuch wollen wir versuchen, häufig verwandte Begriffe zu erläutern, um Ihnen die Vorbereitung auf den nächsten Anwaltsbesuch zu erleichtern. Und wenn ihr Anwalt oder ihre Anwältin doch hin und wieder einen Begriff verwendet, dessen Bedeutung Ihnen nicht sofort klar ist: Fragen Sie! Sie haben nicht nur ein Recht auf eine anwaltliche Beratung, sondern Sie haben ein Recht auf eine verständliche anwaltliche Beratung.

Dr. Bernhard Dombek
Präsident der Bundesrechtsanwaltskammer

Inhalt

Abänderungsklage

Wer zu einer künftig fällig werdenden Leistung, zum Beispiel zu Unterhaltsleistungen, verurteilt wurde, kann in bestimmten Fällen eine Abänderung des rechtskräftigen Urteils beantragen. Dafür müssen sich aber die wirtschaftlichen Verhältnisse wesentlich verändert haben – zum Beispiel durch Arbeitslosigkeit oder einen Arbeitsplatzwechsel mit niedrigeren Bezügen. Unterhaltsgläubiger können über die Abänderungsklage auch einen höheren Unterhalt einfordern.

Abmahnung

Mit der Abmahnung weist eine Vertragspartei die andere darauf hin, dass diese sich nicht vertragsgemäß verhalten hat und im Wiederholungsfall mit negativen Konsequenzen, insbesondere einer Kündigung, zu rechnen hat. Die Abmahnung spielt besonders im Arbeitsrecht eine große Rolle.

Abnahme

Die Abnahme ist die Entgegennahme eines Werkes durch den Auftraggeber und die Bestätigung, dass das Werk im Wesentlichen dem vertragsgemäßen Zustand entspricht.
Mit der Abnahme einer Werkleistung, zum Beispiel nach der Fertigstellung eines Hauses oder im Anschluss an eine in Auftrag gegebene geistige Leistung, sollte sich der Auftraggeber ausreichend Zeit nehmen. Der Grund:

Mit der vorbehaltlosen Abnahme wird nicht nur der Werklohn nebst Zinsen fällig, es beginnt auch die Verjährung der Gewährleistungsansprüche.

Abtretung

Hierunter verstehen Juristen einen Vertrag, mit dem eine Forderung vom bisherigen Gläubiger auf einen neuen Gläubiger übertragen wird. So lassen sich Banken gern Sicherheiten ihrer Kunden abtreten, bevor sie ein Darlehen gewähren. Durch die Abtretung scheidet regelmäßig der bisherige Gläubiger aus seiner Rechtsstellung in vollem Umfang aus. Die Abtretung wird auch als Zession bezeichnet. Der bisherige Gläubiger heißt dann Zedent und der neue Gläubiger Zessionar.

Adhäsionsverfahren

Im Adhäsionsverfahren können Opfer von Straftaten oder deren Erben bereits im Strafverfahren ihre vermögensrechtlichen Ansprüche, wie etwa die Herausgabe gestohlener Sachen, Schadensersatz oder Schmerzensgeld, gegen den Angeklagten geltend machen.

Allgemeine Geschäftsbedingungen

Das sind die im Volksmund auch als „Kleingedrucktes“ bekannten Vertragszusatztexte. Sie gelten nicht nur für einen bestimmten Vertrag, sondern für eine Vielzahl von Verträgen und enthalten meist Regelungen zur Schadensersatzhaftung des Verwenders, zur Garantie, die er dem Vertragspartner gewährt und Ähnliches. Damit sie Geltung haben, muss der Vertragspartner vor Vertragsschluss auf diese Regelungen hingewiesen werden und sie zur Kenntnis nehmen können.

Amtshaftung

Wenn Beamte, Angestellte oder Arbeiter im öffentlichen Dienst in Ausübung eines ihnen anvertrauten öffentlichen Amtes handeln und dabei eine Amtspflicht verletzen, erwachsen den Bürgern daraus Schadensersatzansprüche. Allerdings haften die Staatsbediensteten in der Regel nicht selbst für ihr Fehlverhalten, sondern es haftet der Staat.

Anderkonto

Es handelt sich hierbei um ein Treuhandkonto, auf dem fremde Vermögenswerte verbucht werden, die nicht dem Kontoinhaber gehören. Anderkonten dürfen nur von bestimmten Berufsgruppen eröffnet werden, die besonderen Berufspflichten unterliegen. Dazu gehören etwa Notare und Rechtsanwälte.

Anerkenntnis

Anerkenntnis ist eine Erklärung des Beklagten im Zivilprozess, in der er den gegen ihn erhobenen Anspruch rechtlich zugesteht. Konsequenz: Das Gericht erlässt daraufhin automatisch ein Anerkenntnisurteil.

Anfechtung

Wer bei der Abgabe einer Erklärung, zum Beispiel beim Abschluss eines Vertrages, einem Irrtum erlegen war, getäuscht oder gar bedroht wurde, der kann diese Erklärung ungeschehen machen, indem er sie gegenüber dem Vertragspartner anficht.

Anhängigkeit

siehe Rechtshängigkeit

Annahmeverzug (auch Gläubigerverzug)

Nicht nur der zu einer Leistung Verpflichtete kann in Verzug geraten, sondern auch der Gläubiger. Das ist der Fall, wenn der Gläubiger eine ihm ordnungsgemäß angebotene Leistung nicht annimmt. Wird die geschuldete Sache während des Annahmeverzugs beschädigt oder zerstört, so hat der Schuldner nur dann Ersatz zu leisten, wenn er vorsätzlich oder grob fahrlässig gehandelt hat.

Anscheinsbeweis

Hierunter ist eine Beweiserleichterung im Prozess zu verstehen. Wem etwa jemand auf sein Auto aufgefahren ist, er dies aber nicht durch Zeugenaussagen oder Lichtbilder beweisen kann, dem helfen die Regeln des Anscheinsbeweises, wenn der Unfallgegner seine Schuld am Unfall leugnet. Hier wird nämlich nach der Lebenserfahrung bzw. nach dem ersten Anschein geschlossen: Wer einem anderen Verkehrsteilnehmer auffährt, der hat in der Regel zu wenig Abstand gehalten und ist deshalb am Unfall schuld.

Anwaltshaftung

Obwohl alle zugelassenen Anwälte mit zwei juristischen Staatsexamina eine meist 7- bis 8-jährige intensive Ausbildung erfahren haben und immer mehr Anwälte über die gesetzliche Fortbildungspflicht hinaus zusätzlich eine Prüfung zum Fachanwalt absolvieren, lässt es sich in einzelnen Fällen trotz aller Sorgfalt nicht vermeiden, dass auch dem Anwalt einmal ein Fehler unterläuft für dessen Folgen er haftbar gemacht werden kann. Damit der davon betroffene Mandant daraus keine finanziellen Nachteile erleidet, muss jeder Anwalt eine Berufshaftpflichtversicherung abschließen. Ohne den Nachweis einer entsprechenden Versicherungspolice entzieht ihm die zuständige Rechtsanwaltskammer die Zulassung.

Anwaltsvergleich

Ein von Rechtsanwälten im Namen und mit Vollmacht ihrer Mandanten abgeschlossener Vergleich. Der Anwaltsvergleich hat gegenüber einem rein privat zwischen zwei Personen abgefassten Vergleich den Vorteil, dass der Inhalt der Vereinbarung wesentlich leichter vollstreckt werden kann. Ein Anwaltsvergleich kann gegebenenfalls vom Gericht für sofort vollstreckbar erklärt werden.

Anwartschaft

Hierbei handelt es sich um die Aussicht eines künftigen Rechteerwerbs. Wer beispielsweise eine Sache auf Raten kauft, erlangt, wenn der Verkäufer sich das Eigentum bis zur Zahlung der letzten Rate vorbehalten hat (siehe Eigentumsvorbehalt), eine Anwartschaft auf das Eigentum an der gekauften Sache. Das Volleigentum erwirbt der Käufer dann mit Zahlung der letzten Rate.

Arzthaftung

Bei Kunstfehlern müssen der behandelnde Arzt und die ggf. dahinter stehende Klinik dem Patienten Schadensersatz leisten. Wer glaubt, Opfer eines Behandlungsfehlers geworden zu sein, der sollte einen Anwalt aufsuchen, der sich auf Arzthaftungsrecht spezialisiert hat.

Auflassung

Auflassung ist die Einigung zwischen dem Veräußerer und dem Erwerber eines Grundstücks darüber, dass das Eigentum übertragen werden soll. Die Auflassung muss vor der zuständigen Stelle, i.d.R. einem Notar, erklärt werden.

Aufrechnung

Schulden zwei Personen einander Geld und macht der eine seine fällige Geldforderung geltend, kann der andere durch einseitige, empfangsbedürftige

Erklärung die Aufrechnung mit seiner Gegenforderung erklären.

Aufschiebende Wirkung

Der Widerspruch und die Anfechtungsanklage gegen den von einer Behörde erlassenen Verwaltungsakt haben aufschiebende Wirkung, das heißt, die Behörde kann den Verwaltungsakt nicht vollziehen, solange über den Widerspruch beziehungsweise die Klage nicht entschieden wurde. Die aufschiebende Wirkung gilt jedoch nicht, wenn sich Widerspruch oder Anfechtungsklage gegen die Erhebung öffentlicher Abgaben und Kosten oder gegen besonders dringende Anordnungen oder polizeiliche Maßnahmen richten.

Aussetzung / Unterbrechung des Verfahrens

Unter der Aussetzung des Verfahrens eines Zivilprozesses versteht man dessen Stillstand, den das Gericht anordnet. Häufigster Fall: Es laufen zu demselben Lebenssachverhalt mehrere Verfahren vor verschiedenen Gerichten. Mit der Aussetzung soll vermieden werden, dass sich widersprechende Entscheidungen ergehen oder es soll die Klärung einer Vorfrage, über die ein anderes Verfahren schwebt, abgewartet werden. Die Hauptverhandlung in einem Strafprozess darf maximal nur für einen ganz bestimmten Zeitraum unterbrochen werden, dauert die Unterbrechung länger, muss die Verhandlung völlig neu aufgerollt werden.

Wie finden Sie die richtige Anwältin, den richtigen Anwalt?

Die Auswahl des richtigen Anwalts erfolgt auch heute immer noch in den meisten Fällen aufgrund von Empfehlungen aus dem Kreis von Bekannten und Verwandten. Diese Möglichkeit steht aber nicht immer zur Verfügung, zumal der Bedarf an anwaltlicher Beratung gestiegen ist. Die Anwaltschaft hat deswegen Entscheidungshilfen entwickelt, die jedermann zur Verfügung stehen. Viele Anwälte informieren heute die interessierte Öffentlichkeit darüber, auf welchen Gebieten sie in besonderer Weise tätig sind. Seit vielen Jahren gibt es Fachanwälte für eine ganze Reihe von Gebieten. Die Zahl dieser Fachanwaltschaften hat sich nach und nach auf nunmehr 18 erhöht, nämlich:

- Arbeitsrecht
- Bau- und Architektenrecht
- Erbrecht
- Familienrecht
- Gewerblicher Rechtsschutz
- Handels- und Gesellschaftsrecht
- Insolvenzrecht
- Informations-technologierecht
- Medizinrecht
- Miet- und Wohnungseigentumsrecht
- Sozialrecht
- Steuerrecht
- Strafrecht
- Transport- und Speditionsrecht
- Urheber- und Medienrecht
- Verkehrsrecht
- Verwaltungsrecht
- Versicherungsrecht

Fachanwalt wird nur der Anwalt, der in einem besonderen Verfahren belegt, dass er schon seit längerer Zeit auf dem betreffenden Gebiet praktisch tätig ist. Seine theoretischen Fachkenntnisse muss er in der Regel durch die Absolvierung eines mehrwöchigen Lehrgangs mit anschließender Prüfung nachweisen. Nach der Verleihung der Fachanwaltschaft muss sich der betreffende Anwalt auf seinem Fachgebiet fortbilden und dies jedes Jahr belegen.
Auch Anwälte, die keine Fachanwälte sind, geben häufig an, auf welchen Gebieten sie in besonderer Weise tätig sind. In diesen Fällen haben sie sich zwar keiner Prüfung unterzogen, ihre Angaben müssen aber wahr sein. Die Rechtsanwaltskammern können das überprüfen.
Wer einen Anwalt für ein bestimmtes Fachgebiet sucht, kann auf Verzeichnisse zurückgreifen. Viele Rechtsanwaltskammern bieten einen regionalen Anwaltsuchservice an.
Darüber hinaus gibt es den bundesweiten Anwaltsuchservice (www.anwalt-suchservice.de) und die Deutsche Anwaltsauskunft (www.anwaltsauskunft.de).

Tipp: Ihr Rechtsanwalt ist Ihr Vertreter und Berater in allen Rechtsangelegenheiten. Ein Vertrauensverhältnis zu ihm ist dabei unabdingbar. Wenn Sie Bedenken haben, ob Ihre Anwältin die „Richtige“, Ihr Anwalt der „Richtige“ ist, sprechen Sie umgehend Ihre Zweifel an. Zögern Sie gegebenenfalls aber auch nicht, den Anwalt zu wechseln, auch wenn dadurch zunächst Mehrkosten entstehen.

Befangenheit

Richter, Urkundsbeamte, Rechtspfleger oder auch Sachverständige, denen es an der erforderlichen Objektivität in einem Rechtsstreit mangelt, können wegen Befangenheit abgelehnt werden.

Beratungshilfe

Damit auch finanzschwächeren Rechtsuchenden anwaltlicher Rat ermöglicht wird, gibt es die Beratungshilfe. Dazu muss ein Antrag beim Rechtspfleger des Amtsgerichts gestellt werden. Wird dieser bewilligt, erhält der Rechtsuchende einen Beratungsschein, mit dem ein Anwalt aufgesucht werden kann. Die Kosten für die Beratung werden dann bis auf eine geringe Gebühr von der Staatskasse übernommen.

Berliner Testament

Hierbei handelt es sich um eine Sonderform des gemeinschaftlichen Testamentes. Darin setzen sich Ehegatten gegenseitig zu Alleinerben ein und bestimmen zudem, dass Dritte – im Regelfall die Kinder – erst nach dem Versterben des längstlebenden Ehegatten erben.

Berufung

siehe Rechtsmittel

Betreuung

Ist jemand auf Grund einer psychischen Erkrankung

oder körperlicher und seelischer Gebrechen nicht mehr in der Lage, seine persönlichen Angelegenheiten selbst wahrzunehmen, stellt ihm das Gericht einen Betreuer zur Seite. Es handelt sich hier nicht um eine Vormundschaft. Die Möglichkeit der Entmündigung wurde mit der Betreuungsrechtsreform 1992 abgeschafft. Vielmehr geht es um eine rechtliche Betreuung mit dem Ziel, die Autonomie des Betreuten weitestgehend zu wahren. Das Gericht legt den Aufgabenkreis und die Dauer für die Betreuung fest. Wer nicht will, dass später eine für ihn fremde Person zum Betreuer ernannt wird, der sorgt über eine Betreuungsverfügung vor und legt darin fest, dass zum Beispiel eines der Kinder Betreuer werden soll.

Beweislast

Grundsätzlich muss derjenige, der sich auf eine für ihn günstige Norm beruft, das Vorliegen ihrer Voraussetzungen beweisen und trägt damit die Beweislast. Allerdings kann die Beweislast auch umgekehrt oder erleichtert werden, wenn etwa die Gegenpartei Beweise vernichtet hat oder die Lebenserfahrung für einen bestimmten Geschehensablauf spricht.

Beweismittel

Kommt es in einem Gerichtsverfahren zu einer Beweisaufnahme, wird der Sachverhalt mit Hilfe der gesetzlich zugelassenen Beweismittel aufgeklärt. Dazu zählen: die Inaugenscheinnahme, Zeugen,

Sachverständige, Urkunden und die Parteivernehmung.

Düsseldorfer und Berliner Tabelle

Die beiden gebräuchlichsten Tabellen, nach denen die Höhe des Kindesunterhaltes festgesetzt wird. In Ergänzung der Düsseldorfer Tabelle listet die Berliner Tabelle die monatlichen Unterhaltsrichtsätze der im Beitrittsteil des Landes Berlin wohnenden unverheirateten Kinder auf, deren Unterhaltsschuldner gegenüber insgesamt drei Personen (einem Ehegatten und zwei Kindern) unterhaltspflichtig ist und ebenfalls im Beitrittsteil wohnt. Darüber hinaus gibt es Unterhaltstabellen auch aus anderen Oberlandesgerichtsbezirken.

Eigenbedarf

Der Vermieter kann das Mietverhältnis kündigen, wenn er selbst oder nahe Angehörige die Wohnung zu Wohnzwecken benötigen. Das setzt keine Notlage voraus – erforderlich sind aber vernünftige und nachvollziehbare Gründe für die Inanspruchnahme der Wohnung.

Eigentumsvorbehalt

Haben sich der Verkäufer und der Käufer einer beweglichen Sache auf einen Eigentumsvorbehalt geeinigt, bleibt der Verkäufer bis zur vollständigen Kaufpreiszahlung Eigentümer der Sache, obwohl der Käufer die Sache bereits in Besitz hat.

Einstweilige Verfügung

Die einstweilige Verfügung hat den Sinn, einen zivilrechtlichen Anspruch im vorläufigen Rechtsschutzverfahren zu sichern, da es oft lange dauert, bis ein Anspruch durch Urteil bestätigt wird und in der Zwischenzeit für den Anspruchsinhaber nicht reparable Schäden drohen. Bei einer einstweiligen Verfügung kann das Gericht beispielsweise die Unterlassung bestimmter Handlungen anordnen. Die einstweilige Verfügung darf jedoch den Ausgang des Hauptsacheverfahrens nicht vorwegnehmen. Die einstweilige Verfügung spielt vor allem im Wettbewerbsrecht eine wichtige praktische Rolle, wenn Konkurrenten irreführend werben.

Erbausschlagung

Gesetzliche und testamentarisch eingesetzte Erben können die Annahme der Erbschaft verweigern, indem sie innerhalb einer Frist von sechs Wochen durch Erklärung gegenüber dem Nachlassgericht die Erbschaft ausschlagen. Die Erbausschlagung bewirkt, dass der Erbanfall als nicht eingetreten gilt. Die Erbschaft fällt demjenigen an, der berufen wäre, wenn der Ausschlagende zur Zeit des Erbfalls nicht gelebt hätte.

Erbfolge

Erbfolge ist der Übergang des gesamten Vermögens und der Verbindlichkeiten vom Erblasser auf den/die Erben. Unterschieden wird zwischen gesetzlicher Erbfolge und gewillkürter (durch Testament bestimmter) Erbfolge.

Erbunwürdigkeit

Erben können unter besonderen Umständen erbunwürdig sein, z. B. wenn sie den Erblasser getötet oder zu töten versucht haben, wenn sie verhindert haben, dass der Erblasser eine Verfügung von Todes wegen traf bzw. wenn sie ihn zu einer bestimmten Verfügung gezwungen haben. Allerdings erbt zunächst auch der Erbunwürdige. Nach dem Erbfall kann durch Anfechtung eines anderen Erbberechtigten mittels Klage bei Gericht die Erbunwürdigkeit durch ein Urteil herbeigeführt werden. Von der Erbunwürdigkeit zu unterscheiden ist die Pflichtteilsentziehung. Der Pflichtteil kann z. B. auch wegen eines „ehrlosen oder unsittlichen Lebenswandels" entzogen werden.

Erbvertrag

Da das Berliner Testament nur Eheleute abschließen können, bietet sich für andere Lebensgemeinschaften der Erbvertrag an, wenn sie eine gemeinsame Verfügung von Todes wegen errichten möchten. Bei einem Testament kann der Erblasser seine Verfügungen jederzeit durch ein neues Testament widerrufen. Beim Erbvertrag ist das in der Regel nicht möglich, weil hier die Verfügungen der Vertragschließenden meist wechselbezüglich und damit verbindlich sind.

Fahrlässigkeit

Im Zivilrecht definiert das Gesetz die Fahrlässigkeit als das Außerachtlassen der erforderlichen Sorgfalt bei der Erfüllung einer vertraglichen oder gesetzlichen Pflicht. In der Regel kommt es dabei nicht auf die individuellen Fähigkeiten an, sondern darauf, wie sich ein durchschnittlicher Mensch aus der Nachbetrachtung heraus in der jeweiligen Situation verhalten hätte. Es wird graduell zwischen leichter und grober Fahrlässigkeit unterschieden.

Freiwillige Gerichtsbarkeit

Sie ist Teil der Zivilgerichtsbarkeit, folgt aber grundsätzlich anderen Verfahrensregeln, weil es hier in erster Linie um eine vorsorgliche Mitwirkung der Gerichte zu Gunsten schutzbefohlener Bürger geht. Das gilt etwa für Vormundschafts-, Familien- oder Betreuungssachen. Auch die Register- und Grundbuchsachen sind der freiwilligen Gerichtsbarkeit zugewiesen. Im Unterschied zu den streitig durchgeführten Zivilverfahren, bei denen die Parteien die Tatsachen vortragen und beweisen müssen, haben die Gerichte der freiwilligen Gerichtsbarkeit den Sachverhalt von Amts wegen zu erforschen.

Garantie

Im Falle einer Garantie verspricht der Verkäufer, dass der Kaufgegenstand über einen bestimmten Zeit-

Was ist beim ersten Besuch bei der Anwältin, beim Anwalt zu beachten?

Auch der Mandant kann dazu beitragen, dass sein erster Besuch beim Anwalt möglichst effektiv ist, indem er sein Anliegen, in welchem er Rechtsrat sucht, umfassend vorbereitet. Er sollte sämtliche Unterlagen, die die streitige Angelegenheit betreffen, mitbringen, zum Beispiel Verträge, Dokumente und Schriftwechsel mit dem Gegner. Das Zusammenstellen der Unterlagen ist ein günstiger Zeitpunkt, das gesamte Geschehen noch einmal zu rekapitulieren und sich ein paar Notizen zu machen, damit nicht etwa wichtige Details oder Begebenheiten vergessen werden, von denen der Anwalt wissen muss. Hilfreich ist es, Eckpunkte chronologisch aufzulisten, etwa, wann das Problem aufgetreten ist, was der Mandant selbst unternommen hat, wie sich die anderen Beteiligten verhalten haben, wann welche Gespräche oder Telefonate geführt wurden. Dadurch fällt es auch leichter, im Gespräch mit dem Anwalt nicht abzuschweifen, sondern die Streitigkeit ganz konkret zu beschreiben. Unbedingt sollte der Mandant auch die genauen Daten der Ereignisse, soweit er sich erinnern kann, aufschreiben, damit nicht eventuell laufende Fristen übersehen werden, die es einzuhalten gilt.

Der Mandant sollte sich auch überlegen, ob er Zeugen benennen kann, die seine Darstellung bestätigen können.

Insbesondere dann, wenn es um ein gerichtliches Verfahren geht, ist es wichtig, alle erheblichen Tatsachen dem Anwalt möglichst frühzeitig zur Kenntnis zu bringen. Zum

einen, damit der Anwalt schon im ersten Schriftsatz die Interessen seines Mandanten überzeugend und schlüssig darlegen kann und nicht von Begebenheiten, die der Gegenanwalt vorbringt, überrascht wird. Zum anderen werden bereits während des Verfahrens vor Gericht Fristen gesetzt, innerhalb derer zum Beispiel bestimmte Beweismittel benannt werden müssen, die ansonsten als verspätet gelten und nicht mehr berücksichtigt werden. Vor allem aber ist zu beachten, dass in der zweiten Instanz – in der Berufung – in der Regel – keine neuen Tatsachen mehr vorgetragen werden können. Fällt dem Mandant also ein wichtiges Dokument oder eine Begebenheit, für die es Zeugen gibt, erst ein, nachdem er in der ersten Instanz unterlegen ist, hilft ihm der neue Beweis nicht mehr weiter.
Weiterhin sollte der Mandant sich genau nach den Kosten und dem Honorar erkundigen, um die Lage einschätzen zu können.

Tipp: Soweit eine Rechtsschutzversicherung abgeschlossen wurde, sollte bereits zum ersten Beratungstermin die Rechtsschutzpolice mitgebracht werden. Der Anwalt kann seinem Mandanten dann zeigen, inwieweit Kosten durch die Rechtsschutzversicherung übernommen werden und ob es eventuell bestimmte Bedingungen oder Ausnahmen gibt. So kann der Anwalt dem Mandanten ein besseres Bild über die voraussichtlichen Kosten vermitteln.

raum mängelfrei bleibt und/oder eine bestimmte Beschaffenheit beibehält. Wird diese Garantie nicht erfüllt, erwachsen dem Käufer Ansprüche gegen den Verkäufer.

Gefahrtragung

Der Begriff umschreibt die Problematik, wer dafür verantwortlich sein soll, wenn sich zum Beispiel der Kaufgegenstand vor dem endgültigen Austausch ohne Verschulden der Parteien verschlechtert oder wenn er ganz zerstört wird.

Gefährdungshaftung

Damit ist die Pflicht gemeint, einer verletzten Person verschuldensunabhängig Schadensersatz leisten zu müssen. Grund für diese verschärfte Haftung ist die Tatsache, dass jemand ein spezifisches Risiko schafft – zum Beispiel durch das Inverkehrbringen fehlerhafter Produkte oder Medikamente. So haftet etwa auch der Tierhalter verschuldensunabhängig.

Gerichtsstandsvereinbarung

Durch eine Gerichtsstandsvereinbarung – auch Prorogation genannt – kann ein an sich unzuständiges Gericht örtlich und sachlich zuständig werden, soweit sich aus den gesetzlichen Regelungen kein ausschließlicher Gerichtsstand ergibt. Gerichtsstandsvereinbarungen werden in erster Linie unter Vollkaufleuten abgeschlossen. Der allgemeine Gerichtsstand ist in der Regel der Wohnsitz.

Gerichts-zuständigkeiten

Jedes Gericht, bei dem eine Klage eingeht, überprüft seine örtliche, sachliche und funktionelle Zuständigkeit. Zu den wichtigsten Gerichtszweigen gehören die ordentliche Gerichtsbarkeit (Straf- und Zivilgerichte), sowie die Arbeits-, Verwaltungs-, Sozial- und Finanzgerichtsbarkeit. Bei den Zivilgerichten ist die Ausgangsinstanz entweder das Amts- oder das Landgericht. Von wichtigen Ausnahmen, wie zum Beispiel in Familien-, Miet- oder Wohnungseigentumssachen abgesehen, ist das Landgericht in der Regel bei Streitwerten ab 5.000 Euro zuständig.

Gesamtschuld

Bei einer Gesamtschuld kann der Gläubiger gegen mehr als einen Schuldner vorgehen. Er kann von jedem einzelnen Schuldner die ganze Leistung fordern, wobei er die Leistung insgesamt nur einmal fordern kann. Jeder Schuldner ist dem Gläubiger zur ganzen Leistung verpflichtet und muss nach der Inanspruchnahme seinen Ausgleich mit den übrigen Schuldnern verfolgen. Sind zum Beispiel in einem Mietvertrag sowohl der Mann als auch die Frau einer nichtehelichen Lebensgemeinschaft als Mieter namentlich aufgeführt, kann sich der Vermieter im Falle von Mietrückständen an jedem der beiden schadlos halten.

Gewährleistung

Im Kaufrecht steht dem Käufer einer Sache ein Gewährleistungsanspruch zu, wenn der Verkäufer eine mangelhafte Sache liefert. Primär muss der Käufer dann Nacherfüllung verlangen. Ein Rücktrittsrecht steht ihm erst dann zu, wenn er dem Verkäufer eine Frist zur Nachbesserung gesetzt hat und diese abgelaufen ist. Gleiches gilt für die wahlweise mögliche Minderung des Kaufpreises. Stattdessen kann der Käufer auch Schadensersatz verlangen. Gewährleistungsansprüche können aber auch aus anderen Rechtsbeziehungen entstehen, z. B. bei der Herstellung eines Werkes.

Gewährleistungsausschluss

Ein Gewährleistungsausschluss kann vertraglich vereinbart werden. Er bewirkt, dass Gewährleistungsansprüche nicht oder nur eingeschränkt geltend gemacht werden können. Allerdings ist der Gewährleistungsausschluss unwirksam, wenn der Mangel arglistig verschwiegen oder eine Beschaffenheitsgarantie übernommen wurde. Wenn der Käufer Verbraucher ist, ist ein Gewährleistungsausschluss nicht möglich.

Gewährleistungsbürgschaft

Um zu verhindern, dass der Bauherr seine Gewährleistungsansprüche gegen den oder die Handwerker nicht durchsetzen kann, wenn diese am Bau gepfuscht haben und später vielleicht Insolvenz anmelden, kann eine Gewährleistungsbürgschaft vereinbart werden. Diese wird nach Abnahme des Werkes wirksam und ermöglicht es dem Auftraggeber, von dem Bürgen die fristgerechte Mängelbeseitigung zu verlangen.

Glaubhaftmachung

Soweit das Gesetz die Glaubhaftmachung einer beweisbedürftigen Tatsache fordert oder genügen lässt, ist neben den üblichen Beweismitteln auch die eidesstattliche Versicherung, die anwaltliche Versicherung oder die Vorlage unbeglaubigter Kopien möglich. Über den Beweiswert der Glaubhaftmachung entscheidet der Richter.

Grundbuch

Das Grundbuch ist ein öffentliches Register, in welchem die verschiedenen Rechteinhaber an den im Grundbuchbezirk gelegenen Grundstücken, die Rangfolge der Rechteinhaber zueinander und gegebenenfalls auch Verfügungsbeschränkungen eingetragen sind.

Grundschuld

Wer ein Grundstück, eine Eigentumswohnung oder ein Haus fremd finanzieren lässt, muss der Bank für den Fall Sicherheiten geben, dass das Darlehen nicht zurückgezahlt werden kann. Häufigstes Sicherungsmittel ist dabei die Grundschuld, auch Sicherungsgrundschuld genannt.

Güterstand

Hierbei handelt es sich um das eheliche Güterrecht. Eheleuten stehen grundsätzlich drei Wege offen, wie sie ihre vermögensrechtliche Beziehung regeln wollen: 1. die Zugewinngemeinschaft, 2. die Gütertrennung und 3. die Gütergemeinschaft. Gesetzliches Leitbild ist die Zugewinngemeinschaft. Bei dieser wird das Anfangs- und Endvermögen zum Ausgleich vermögensrechtlicher Unterschiede zwischen den Eheleuten im Fall der Beendigung der Ehe verglichen. Hat ein Ehegatte während der Ehezeit mehr Vermögen erwirtschaftet als der andere, muss er nach Beendigung der Ehe von der Differenz die Hälfte mit dem anderen teilen. Davon können die Eheleute durch Abschluss eines Ehevertrages abweichen. Die Vereinbarung eines Güterstandes hat auch erbrechtliche Konsequenzen.

Gütertrennung

Mit der Gütertrennung schließen Eheleute von vornherein aus, dass es im Fall des Scheiterns der Ehe zum Zugewinnausgleichsanspruch eines Ehepartners kommt. Die jeweiligen Vermögensmassen der Ehegatten bleiben auch während der Ehe getrennt, nach der Scheidung hat keiner der beiden einen

Anspruch gegen den anderen.

Gutgläubigkeit/ Bösgläubigkeit

An die Gut- oder Bösgläubigkeit einer Person knüpft die Rechtsordnung vor allem beim Eigentumserwerb von Gegenständen oder Immobilien an. Grundsätzlich kann man Eigentum auch von einem Nichtberechtigten erwerben – vorausgesetzt, man hält beim Erwerb den Verkäufer für den Eigentümer oder jedenfalls zur Eigentumsverschaffung berechtigt.

Haustürgeschäft

So bezeichnet man einen Vertragsabschluss in der Privatwohnung, auf der Straße, am Arbeitsplatz, auf so genannten Kaffeefahrten o.ä. Ein Verbraucher kann einen solchen Vertrag mit einem Unternehmer, der eine entgeltliche Leistung zum Gegenstand hat, dann ohne Angabe von Gründen widerrufen, wenn der Verbraucher zu dessen Abschluss durch mündliche Erklärung bestimmt worden ist. Damit soll vermieden werden, dass Verbraucher, die in ihrer Privatsphäre zur Unterschrift unter Verträgen gedrängt werden, ohne darüber ausreichend nachgedacht zu haben, an solchermaßen geschlossene Verträge gebunden bleiben.

Hypothek

Die Hypothek zählt neben der Grundschuld zu den Grundpfandrechten und

Was kostet Ihre Anwältin, Ihr Anwalt?

Die Vergütung der anwaltlichen Tätigkeit ist im Rechtsanwaltsvergütungsgesetz aus dem Jahre 2004 (RVG) geregelt. Dieses Gesetz sagt, welche Vergütung ein Rechtsanwalt für bestimmte Tätigkeiten verlangen darf. Für Tätigkeiten vor Gerichten gelten danach feste Vergütungssätze, für außergerichtliche Tätigkeit gegenüber einem Anspruchsgegner sieht das RVG Vergütungsrahmen vor, nach denen sich das Honorar bestimmt. Ausgangspunkt ist danach zunächst der Gegenstandswert, für den der Anwalt tätig wird. Bei einer Forderung von 10.000,00 Euro ist das die Höhe dieser Forderung. Wenn es nicht um eine Forderung geht, ist der Wert nach dem Gesetz zu bestimmen. Der für einen Wert geltende Rahmen ist dann nach bestimmten Kriterien auszufüllen. Ob eher der untere oder obere Bereich des Rahmens gilt, richtet sich nach Umfang und Schwierigkeit der Sache, nach der Bedeutung der Angelegenheit für den Auftraggeber, den Vermögensverhältnissen und auch danach, wie hoch die Haftungsgefahr für den Anwalt ist.

Geht es bei der anwaltlichen Tätigkeit nur um eine Beratung, muss der Rechtsanwalt sein Honorar mit den Mandanten vereinbaren. Für die Höhe der Vereinbarung kommt es wieder auf den Gegenstandswert der Beratung und auf die eben genannten Kriterien an.

Allgemein gilt im deutschen Anwaltsvergütungsrecht, dass das anwaltliche Honorar bei geringwertigen Angelegenheiten niedrig, bei höherwertigen Angelegenheiten dagegen höher ist.

Wird lediglich ein erstes mündliches Beratungsgespräch geführt, so ist die Vergütung dafür begrenzt: Maximal 190,00 Euro kann der Anwalt dann verlangen, vorausgesetzt, es wurde nicht ausdrücklich eine höhere Vergütung vereinbart. Die Kosten für ein solches erstes Beratungsgespräch bleiben also überschaubar, zumal die Erstberatungsvergütung auf später anfallende höhere Vergütungen voll anzurechnen ist.

Ihr Rechtsanwalt unterrichtet Sie auch darüber, in welchen Fällen Sie staatliche Prozesskostenhilfe oder Beratungshilfe in Anspruch nehmen können.

Wenn Sie in einem Prozess obsiegen, hat Ihr Gegner sämtliche Verfahrenskosten, auch die Kosten Ihres Anwalts, zu tragen.

Tipp: Das anwaltliche Gebührenrecht ist für einen Außenstehenden nicht ganz einfach. Sprechen Sie deswegen mit Ihrem Anwalt darüber, was an Kosten auf Sie zukommt. Ihr Anwalt ist darauf eingestellt. Im Beratungsbereich ist ein solches Gespräch ohnehin deswegen erforderlich, weil eine Honorierung im gesetzlichen Rahmen über eine Vereinbarung festgelegt wird. Auch außerhalb des reinen Beratungsbereichs sind aber Vergütungsvereinbarungen möglich.

Es empfiehlt sich auch, wenn Ihr Anwalt schon längere Zeit für Sie tätig geworden ist, mit ihm über eine Zwischenabrechnung zu sprechen. So behalten Sie ihre finanzielle Belastung immer im Blick.

verpflichtet den fremd finanzierenden Immobilien-Eigentümer dazu, die Zwangsvollstreckung in sein Grundstück bis zur Höhe der im Grundbuch eingetragenen Summe zu dulden, falls er mit der Rückzahlung des Darlehens in Verzug kommt.

Instanz

Darunter ist der Verfahrensabschnitt zu verstehen, in welchem sich ein Rechtsstreit gerade befindet. Ein Zivilrechtsfall nimmt seinen Ausgang beim Amts- bzw. Landgericht. Akzeptiert eine Partei den Richterspruch nicht, kann sie Berufung gegen das erstinstanzliche Urteil einlegen. Dann wird der Fall vor dem Land- oder Oberlandesgericht als Berufungsinstanz neu verhandelt und es ergeht ein zweitinstanzliches Urteil, gegen welches dann – unter bestimmten Bedingungen – noch die Prüfung vor dem Bundesgerichtshof (Revision) möglich ist.

Kammer

So heißt das Entscheidungsgremium bei den Landgerichten. Während zum Beispiel beim Amtsgericht in Zivilsachen der Einzelrichter entscheidet, sind dies bei den Landgerichten die Kammern. In der Regel wird jedoch auch hier die Entscheidung auf einen Einzelrichter übertragen. Die Zivilkammer beim Landgericht besteht grundsätzlich aus drei Richtern. Beim Oberlandesgericht und beim BGH heißen die Entscheidungsgremien Senate.

Konkludentes Verhalten

Seinen Willen kann man nicht nur durch Worte, sondern auch durch schlüssiges (konkludentes) Verhalten ausdrücken. Wer sich zum Beispiel am Obststand drei Äpfel herauspickt und sie dem Verkäufer wortlos hinhält, gibt damit eindeutig zu erkennen, dass er die drei Äpfel kaufen möchte.

Kostenerstattungsprinzip

Dieses besagt, dass im deutschen Zivilverfahren der Verlierer auch die Kosten des Verfahrens trägt. Dazu gehören neben den Gerichtskosten auch etwa Gutachter- und Sachverständigenkosten und die Anwaltsvergütung für den eigenen Anwalt und denjenigen des Gegners. Eine Ausnahme vom Kostenerstattungsprinzip gilt im Arbeitsrecht.

Kündigungsschutzklage

Wer seinen Arbeitsplatz durch Kündigung des Arbeitgebers verliert, kann ab Zugang der Kündigung innerhalb von drei Wochen eine Kündigungsschutzklage beim zuständigen Arbeitsgericht einreichen. Das Gericht prüft dann, ob die Kündigung sozial ungerechtfertigt und damit rechtsunwirksam ist. Bei Kleinbetrieben mit nicht mehr als 5 Beschäftigten, oder falls der Arbeitnehmer noch keine 6 Monate im Betrieb beschäftigt ist, kann der Arbeitnehmer die

Kündigung ohne Bindung an eine bestimmte Frist gerichtlich überprüfen lassen.

Leistungsklage

Mit der Leistungsklage wird die Verurteilung des Beklagten zu einer Leistung, das heißt zu einem Tun oder Unterlassen, angestrebt. Das stattgebende Urteil ist zugleich Grundlage und Voraussetzung dafür, dass die Leistung notfalls mit staatlichem Zwang über den Gerichtsvollzieher eingefordert werden kann.

Mahnbescheid

Einen Mahnbescheid erlässt das zuständige Amtsgericht auf Antrag des Gläubigers. Das Gericht prüft dabei nicht, ob der Anspruch tatsächlich besteht. Legt der Schuldner dagegen nicht rechtzeitig Widerspruch ein, kann ein Vollstreckungsbescheid beantragt werden. Der Gläubiger kann dann mit dem Vollstreckungsbescheid die Vollstreckung betreiben. Legt der Schuldner jedoch Widerspruch ein, muss der Antragsteller seine Forderung auf dem normalen Gerichtsweg weiter verfolgen.

Mediation

Mediation ist ein freiwilliges außergerichtliches Konfliktlösungsverfahren, in dem die Konfliktpartner selbständig rechtsverbindliche Lösungen entwickeln. Hierin werden sie von einem neutralen, fundiert ausgebildeten Dritten, dem Mediator, unterstützt.

Merkantiler Minderwert

Der merkantile Minderwert kann eine Rolle bei der Bestimmung der Schadensersatzhöhe spielen. Häufigstes Beispiel ist die Wertminderung eines PKW nach einem Unfall. Auch wenn dieses vollständig repariert wurde, ist es am Markt infolge möglicher verdeckter Mängel und geringerer Sicherheit weniger wert. Der Schädiger muss grundsätzlich auch diesen (Vermögens-)Nachteil ausgleichen. Bei älteren Fahrzeugen oder hoher Laufleistung gilt das allerdings nicht oder nur eingeschränkt.

Mietspiegel

Der Mietspiegel ist eine Übersicht über die Beträge der ortsüblichen Vergleichsmiete für Wohnungen in einer Gemeinde. Dieser muss entweder von der Gemeinde selbst oder von Interessenvertretern der Vermieter und Mieter gemeinsam erstellt oder anerkannt worden sein. Für Vermieter und Mieter gilt der Mietspiegel als Maßstab für die Bestimmung der ortsüblichen Vergleichsmiete.

Minderung

Käufer eines Gegenstandes wie auch Besteller eines Werkes können im Fall einer mangelhaften Lieferung/ Leistung statt des Rücktritts vom Vertrag auch eine

Rechtsschutzversicherungen

Durch den Abschluss einer Rechtsschutzversicherung kann das Risiko für die außergerichtlichen und gerichtlichen Kosten, die bei der Geltendmachung oder der Abwehr eines Anspruches entstehen, abgedeckt werden. Bis zur vereinbarten Deckungssumme werden dabei von der Versicherung die Anwaltskosten, die Gerichtsgebühren sowie die Kosten für die Beibringung von Beweismitteln (z. B. Zeugengelder, Sachverständigenhonorare) übernommen.
Bevor eine Rechtsschutzversicherung die Übernahme der Kosten bestätigt, prüft sie zunächst die Erfolgsaussichten des Rechtsstreits. Nur wenn ein Vorgehen genügend Aussicht auf Erfolg hat und der Kostenaufwand nicht in einem groben Missverhältnis zum angestrebten Erfolg steht, werden die Kosten der Rechtsverfolgung übernommen. Deshalb sollten Sie bereits zum ersten Gespräch mit Ihrem Anwalt bzw. Ihrer Anwältin die Versicherungspolice mitnehmen. Gegebenenfalls wird sich Ihr Anwalt oder Ihre Anwältin dann mit Ihrer Versicherung in Verbindung setzen, um abzuklären, ob die Versicherung für die Kosten aufkommen wird.
Die Versicherungsunternehmen bieten verschiedene Möglichkeiten an, sich gegen Kostenrisiken aus Rechtsstreitigkeiten zu versichern. Meist wird der Versicherungsschutz nach Rechtsgebieten (z. B. Arbeits-Rechtsschutz, Steuer-Rechtsschutz, Verkehrs-Rechtsschutz) angeboten. Danach kann entschieden werden, ob ein kompletter oder nur ein partieller Rechtsschutz gewünscht wird. Zu beachten ist je-

doch, dass in den Allgemeinen Versicherungsbedingungen der Rechtsschutzversicherungen (ARB) häufig eine Reihe von Ausschlusstatbeständen vorgesehen ist, bei denen die Versicherung nicht zu leisten braucht. So ist beispielsweise die Abwehr von Schadensersatzansprüchen meist nicht versichert. Ebenso schließen Versicherer häufig die Leistung aus, wenn es sich um Ansprüche im Zusammenhang mit baugenehmigungspflichtigen Baumaßnahmen handelt. Auch Klagen vor dem Verfassungsgericht oder vor internationalen Gerichtshöfen sind in der Regel von der Deckung einer Rechtsschutzversicherung nicht umfasst.

Prozentangaben über das Vorhandensein einer Rechtsschutzversicherung im Haushalt im Jahr 2005

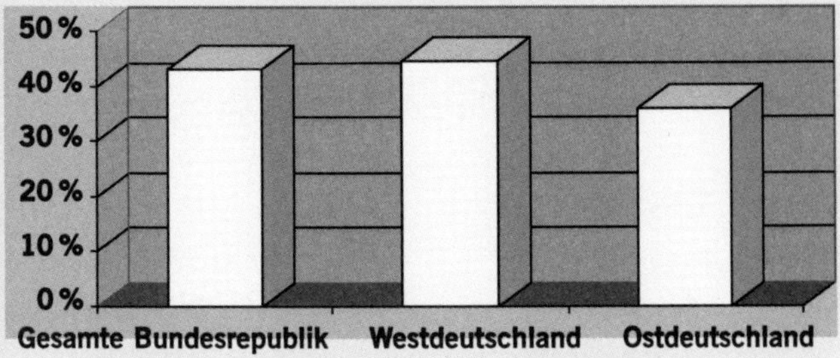

GESAMTE BUNDESREPUBLIK	43,0 % der Haushalte
WESTDEUTSCHLAND	44,7 % der Haushalte
OSTDEUTSCHLAND	36,0 % der Haushalte

Quelle: Gesamtverband der deutschen Versicherungswirtschaft

Minderung, also Herabsetzung des Kaufpreises/Werklohns verlangen. Das setzt allerdings voraus, dass der Käufer/Besteller dem Verkäufer/Werkunternehmer zunächst eine angemessene Frist zur Nacherfüllung gesetzt hat und der Vertragspartner diese Frist ohne Ergebnis hat verstreichen lassen.

Nachlass

Hierbei handelt es sich um das Vermögen des Erblassers, das mit dessen Tod als Ganzes auf die Erben übergeht. Dazu gehören neben den Aktiva wie Geld oder Immobilien auch die Passiva, die Schulden. Nicht vererblich sind zum Beispiel Unterhaltsansprüche (Ausnahme: rückständige Unterhaltsansprüche).

Nachlasspflegschaft

Das Gericht kann eine Nachlasspflegschaft anordnen, solange die Erbfolge noch ungeklärt ist. Der Nachlasspfleger kann den Nachlass in Besitz nehmen, Nachlassverbindlichkeiten erfüllen oder eingehen und Ansprüche aus dem Nachlass geltend machen.

Nachlassverwaltung

Stellt sich die Vermögenssituation des Erblassers nach dessen Tod als diffus heraus, so dass die Erben nicht wissen, ob für sie überhaupt noch etwas übrig bleibt oder sie gar mit ihrem eigenen Vermögen haften, können Erben oder Erbschaftsgläubiger beim zuständigen Nachlassgericht eine Nachlassverwaltung beantragen. Durch die Nachlassverwaltung wird rückwirkend das Nachlassvermögen vom Vermögen des Erben getrennt. Vorteil: Seine Haftung bleibt auf den Nachlass beschränkt, d. h. er muss nicht auch noch mit seinem eigenen Vermögen für die Verbindlichkeiten des Erblassers haften.

Naturalrestitution

Damit umschreiben Juristen den Grundsatz des deutschen Schadensersatzrechts, wonach der Geschädigte so zu stellen ist, wie er ohne das schädigende Ereignis stehen würde, d. h. der Schädiger muss denjenigen Zustand wieder herstellen, der vor dem Schadenseintritt bestand. Die Naturalrestitution hat grundsätzlich Vorrang vor dem Schadensersatz in Geld.

Nebenintervention

Darunter versteht man eine Art Streithilfe. Ausgangssituation ist die, dass sich jemand im eigenen Namen an einem fremden Zivilprozess beteiligt. Ein Dritter kann auf einen Prozess, dessen Ergebnis auch ihn betrifft, Einfluss nehmen, indem er einer der Parteien beitritt (diese unterstützt), ohne dass er selbst Partei wird. Der Nebenintervenient kann selbständig Prozesshandlungen vornehmen, beispielsweise Zeugenvernehmungen beantragen. Geht das Urteil zu Gunsten der unterstützten Partei aus, so profitiert auch der Nebenintervenient.

Nießbrauch

Nießbrauch ist die rechtlich eingeräumte Möglichkeit, eine Sache zu nutzen. Die Einräumung eines Nießbrauchs erfolgt vor allem bei Immobilien. Eltern können zum Beispiel ihren Kindern ein Mietshaus schon zu Lebzeiten im Wege der vorweggenommenen Erbfolge übertragen. Damit sparen die Kinder unter Umständen Erbschaftssteuern. Andererseits wollen die Eltern aber weiterhin von den Mieteinnahmen leben, weil sie darauf angewiesen sind. Dann muss zu ihren Gunsten ein Nießbrauchsrecht im Grundbuch eingetragen werden. Damit bleiben sie berechtigt, die Nutzungen aus dem Grundstück zu ziehen. Der Nießbrauch kann auch beschränkt werden.

Nutzungsentschädigung

Wichtigster Anwendungsfall ist die Nutzungsentschädigung nach einem Autounfall. Derjenige, dessen Wagen auf Grund des Unfalls nicht fahrbar ist, erhält eine Entschädigung für die Zeit, in der er den Wagen nicht nutzen kann. Bei Privatwagen kann der Anwalt anhand von Tabellen vorab schätzen, wie hoch der Tagessatz liegt.

Obliegenheit

Obliegenheit ist die Pflicht zur Mitwirkung innerhalb eines Schuldverhältnisses. Die Erfüllung der Obliegenheit erfolgt im eigenen Interesse. Wird die Obliegenheit verletzt, so begründet dies keine eigenen

Ansprüche des Vertragspartners, allerdings kann der Verletzte eigene Rechte verlieren. So muss zum Beispiel ein Kunde, der eine Krankenversicherung abschließt, die Frage nach Vorerkrankungen detailliert beantworten. Ansonsten besteht wegen einer Obliegenheitsverletzung kein Versicherungsschutz.

Ordnungswidrigkeit

Ordnungswidrig handelt zum Beispiel, wer im Straßenverkehr die Geschwindigkeitsvorschriften nicht beachtet. Das ist noch kein kriminelles Verhalten, weshalb auch keine Strafe, sondern ein Bußgeld verhängt wird. Daneben kann zum Beispiel auch der Führerschein entzogen werden.

Pfändung

Pfändung ist die Zwangsvollstreckung in das bewegliche Vermögen eines Schuldners durch den Gerichtsvollzieher. Bei Grundstücken spricht man von Immobiliarzwangsvollstreckung. Es handelt sich um eine staatliche Beschlagnahme, um einem Gläubiger zu seinem Geld zu verhelfen. Bei der Pfändung nimmt der Gerichtsvollzieher die Gegenstände in Besitz, soweit es sich um Geld, Schmuck oder Wertpapiere handelt. Anderenfalls bleiben die Sachen beim Schuldner. Dann allerdings klebt der Gerichtsvollzieher ein Pfandsiegel auf – im Volksmund auch Kuckuck genannt.

Pfändungsfreigrenzen

Bei der Pfändung müssen dem Schuldner die Mittel belassen werden, mit denen er seinen Lebensunterhalt bestreiten muss. Daher ist zum Beispiel das Arbeitseinkommen nur bis zu einem bestimmten Betrag pfändbar, der Rest unterliegt der Pfändungsfreigrenze. Derzeit gilt eine Pfändungsfreigrenze von 985,15 Euro monatlich. Gewährt der Schuldner auf Grund einer gesetzlichen Verpflichtung seinem Ehegatten, einem früheren Ehegatten, seinem Lebenspartner, einem früheren Lebenspartner, einem Verwandten oder einem Elternteil Unterhalt, so erhöht sich der Betrag, bis zu dessen Höhe das Arbeitseinkommen unpfändbar ist.

Pflichtteil

Werden nahe Angehörige wie Kinder, die Eltern oder der Ehegatte des Erblassers auf Grund eines Testaments oder anderer Verfügungen von Todes wegen von der gesetzlichen Erbfolge ausgeschlossen, können sie von den Erben den Pflichtteil verlangen und zwar in Höhe der Hälfte des gesetzlichen Erbteils, den die Erben in einer Geldsumme schulden.

Pflichtteilsergänzungsanspruch

Verschenkt der Erblasser bereits zu Lebzeiten Teile seines Vermögens, so mindert das natürlich auch den Nachlasswert und damit den Pflichtteil. Das Gesetz gewährt deshalb dem/den Pflichtteilsberechtigten einen Ergänzungsanspruch, wenn der Erblasser innerhalb der letzten zehn Jahre Schenkungen vorgenommen hat. Der Anspruch richtet sich in erster Linie gegen den oder die Erben und unter Umständen auch gegen den/die Beschenkten.

Positive Vertragsverletzung

Davon sprechen Juristen, wenn es bei der Abwicklung von Verträgen zu bestimmten Leistungsstörungen kommt, die auf einer schuldhaften Verletzung vertraglicher Nebenpflichten beruhen. Dabei kann es sich etwa um die Verletzung von Aufklärungspflichten oder Obliegenheiten handeln. Zum Beispiel haftet der Verkäufer, wenn die gekaufte Sache auf Grund mangelhafter Verpackung auf dem Heimweg beschädigt wird.

Postulationsfähigkeit

Damit ist die Fähigkeit gemeint, vor Gericht verhandeln zu dürfen. Grundsätzlich ist jeder postulationsfähig, der auch geschäftsfähig ist. In bestimmten Verfahren besteht jedoch Anwaltszwang (z. B. in Familiensachen oder höherinstanzlichen Zivilverfahren). Das heißt, dann ist die Vertretung durch einen Rechtsanwalt erforderlich. Vor dem Arbeitsgericht sind auch Vertreter von Arbeitgeberverbänden oder Gewerkschaften postulationsfähig.

Die Kernqualitäten der Rechtsanwältin, des Rechtsanwalts

Jeder kennt den Rechtsanwalt, viele kennen ihren Rechtsanwalt. Rechtsanwälte sind Teil unserer Gesellschaft, sie sind eine der Stützen unseres demokratischen Rechtssystems.
Die Art und Weise, in der Rechtsanwälte ihrem Beruf nachgehen, ist dabei höchst unterschiedlich. Neben dem um die Ecke praktizierenden Anwalt prägen insbesondere im Wirtschaftsleben die sehr großen Anwaltsfirmen mit vielfach internationalem Bezug und hochspezialisierten Anwälten das Bild. Dazwischen gibt es mittelständische Sozietäten und einzelne Nischenanwälte mit hoher Spezialisierung.
So vielfältig aber auch die Tätigkeitsfelder von Rechtsanwälten sein mögen, ihnen allen sind bestimmte Qualitätsmerkmale gemeinsam, die sie von anderen Berufsgruppen abheben. Und gerade diese Merkmale machen den Anwalt zum geeignetsten Berater in allen Rechtsangelegenheiten.

☛ **Unabhängigkeit**

Der Rechtsanwalt unterliegt keinerlei Weisungen irgendeines Dritten, seien es staatliche Institutionen, Verbände oder private Personen. Lediglich Weisungen seines Mandanten hat er im Rahmen der bestehenden Rechtsordnung zu beachten. Jeder sonstige Versuch irgendeiner Einflussnahme ist mit dem Wesen des Anwaltsberufs und dem Grundsatz der freien Advokatur schlechthin unvereinbar.

☛ **Verschwiegenheit**

Rechtsanwälte sind verpflichtet, über alles, was sie im Zusammenhang mit einem Mandat von ihrem Mandanten erfahren, Schweigen zu wahren. Das Gesetz garantiert ihnen, dass sie sich auch vor Gerichten und anderen staatlichen Institutionen ohne Einschränkung auf ihre Schweigepflicht berufen dürfen. Das dadurch gesicherte Vertrauensverhältnis ermöglicht es Mandanten, jedes Problem ohne Einschränkung mit dem Anwalt zu erörtern.

☛ **Loyalität**

Oberste Richtschnur der Tätigkeit des Rechtsanwalts ist das sich aus dem Mandat ergebende Interesse des Mandanten. Der Rechtsanwalt hat alles zu unternehmen, was dem Interesse des Mandanten dient. In diesem Sinne ist er Dienstleister. Bei Konflikten hat er seinen Auftraggeber unverzüglich zu unterrichten. Der Mandant hat damit die Garantie, dass der von ihm beauftragte Anwalt im Rahmen der bestehenden Gesetze alles unternimmt, um für ihn ein optimales Ergebnis zu erzielen.

Es mag Berufe geben, die einzelne der aufgezählten Qualitäten des Anwaltsberufs ebenfalls verwirklichen. Es gibt jedoch keinen Beruf, der die Kombination sämtlicher Eigenschaften oder auch nur ihres überwiegenden Teils zur Grundlage seiner Tätigkeit hat. Nur der Beruf des unabhängigen Rechtsanwalts garantiert den uneingeschränkten Zugang jedes Bürgers zum Recht.

Präklusion

Präklusion ist ein anderes Wort für Ausschluss. Werden zum Beispiel für eine Partei in einem Rechtsstreit von dieser oder ihrem Rechtsanwalt günstige Tatsachen nicht rechtzeitig vorgetragen, kann das Gericht sie später bei der Entscheidung ignorieren. Auch ist, wer etwa eine Rechtsmittelfrist versäumt, von der Überprüfung eines erstinstanzlichen Urteils ausgeschlossen.

Prozesskosten-finanzierer

Die noch junge Branche der Prozesskostenfinanzierer übernimmt für Anspruchsinhaber, die das Risiko eines Prozessverlustes scheuen, sämtliche Anwalts- und Gerichtskosten und lässt sich dafür vertraglich eine Erfolgsbeteiligung zusichern, falls der Prozess positiv endet. Vor allem die Rechtsschutzversicherungen bieten diese neue Dienstleistung über Tochterunternehmen an. Allerdings muss der Anspruch ganz überwiegend erfolgswahrscheinlich sein. Die Kontaktaufnahme mit einem Prozesskostenfinanzierer erfolgt in der Regel über einen vom Mandanten eingeschalteten Rechtsanwalt.

Prozess-kostenhilfe

Während durch die Beratungshilfe sozial schwächer gestellten Bürgern nahezu kostenloser Rechtsrat durch einen Anwalt im außergerichtlichen Bereich garantiert wird, kommt die Prozesskostenhilfe in Betracht, wenn jemand einen überwiegend erfolgswahrscheinlichen Anspruch hat, finanziell aber nicht dazu in der Lage ist, einen Prozess zu führen. Prozesskostenhilfe erhält auch, wer verklagt wird, wenn die Rechtsverteidigung ebenfalls hinreichende Erfolgsaussichten hat. Die Prozesskostenhilfe muss bei demjenigen Gericht beantragt werden, das auch über den eigentlichen Rechtsstreit entscheidet. Dabei sind die Einkommens- und Vermögensverhältnisse offen zu legen. Der Staat übernimmt neben den Gerichtskosten die eigenen Anwaltskosten des Antragstellers, nicht aber diejenigen des Gegners. Wer geringfügig über den in der Tabelle liegenden Sätzen liegt, kann den überschießenden Teil in Raten von maximal 48 Monaten abzahlen.

Rechtshängigkeit

Während die bloße Anhängigkeit den Umstand umschreibt, dass eine Zivilklage bei Gericht eingereicht wird, bedeutet Rechtshängigkeit, dass das Gericht die Klage an den Prozessgegner zugestellt hat. Vom Zeitpunkt der Rechtshängigkeit an darf die Streitsache weder bei einem anderen Gericht anhängig gemacht werden noch kann die Klage, falls der Gegner nicht zustimmt, geändert werden. Außerdem hemmt die Rechtshängigkeit die drohende Verjährung zivilrechtlicher Ansprüche.

Rechtskraft

In formeller Hinsicht bedeutet Rechtskraft, dass eine Entscheidung nicht mehr mit Rechtsmitteln angefochten werden kann. Es kann auch nicht in der gleichen Angelegenheit erneut geklagt werden. Nach Eintritt der Rechtskraft kann die Zwangsvollstreckung betrieben werden.

Rechtsmittel

Entscheidungen deutscher Gerichte müssen die Bürger nicht ungeprüft hinnehmen. Vielmehr haben sie innerhalb bestimmter Fristen die Möglichkeit, diese teilweise oder ganz anzufechten. Tun sie das nicht, wird die Entscheidung rechtskräftig. Rechtsmittel sind die Berufung, die Revision und die Beschwerde. Die Berufungsinstanz wird auch als zweite Tatsacheninstanz bezeichnet, weil hier sowohl der zu Grunde liegende Sachverhalt als auch die rechtliche Würdigung noch einmal von einem übergeordneten Gericht überprüft werden. In der Revisionsinstanz wird dagegen nur geprüft, ob die Vorinstanzen das materielle Recht richtig ausgelegt und angewendet haben. Die Beschwerde richtet sich in erster Linie gegen verfahrensleitende Verfügungen und Beschlüsse der Gerichte. Über ein Rechtsmittel entscheidet jeweils die nächsthöhere Gerichtsinstanz.

Rechtsweg

Je nachdem, wer gegen wen um was streitet, sieht die Rechtsordnung gesonderte

Rechtswege, d. h. Gerichtszweige und Verfahrensordnungen vor. So steht bei Auseinandersetzungen zwischen Privatpersonen der Zivilrechtsweg offen, bei Streitigkeiten der Bürger mit Behörden bzw. dem Staat der Verwaltungsrechtsweg. Geht es um Arbeitsverhältnisse, ist dagegen meist der Gang vor die Arbeitsgerichte erforderlich. Daneben gibt es die Finanzgerichte für Steuerstreitigkeiten und die Sozialgerichte. Die Einhaltung des richtigen Rechtswegs ist unter anderem wichtig, weil nur durch die Einreichung der Klage beim zuständigen Gericht eine gegebenenfalls drohende Verjährung gehemmt wird.

Revision

siehe Rechtsmittel

Rücktritt

Der Rücktritt vom Vertrag ist ein einseitiges Gestaltungsrecht. Folge seiner wirksamen Ausübung ist, dass die Parteien dazu verpflichtet sind, die empfangenen Leistungen (z. B. Auto und Kaufpreis) wieder zurückzugeben. Die Berechtigung zum Rücktritt kann sich aus dem Vertrag selbst (Rücktrittsvorbehalt) oder aus den gesetzlichen Vorschriften ergeben.

Salvatorische Klausel

Die salvatorische Klausel hat den Sinn, den Vertrag an sich in seiner Wirksamkeit zu erhalten, auch wenn einzelne Bestimmungen sich später als un-

Wie läuft ein Rechtsstreit ab?

Eine Streitigkeit muss, auch wenn Sie einen Anwalt einschalten, nicht zwangsläufig gleich zu einer gerichtlichen Auseinandersetzung führen. Um Kosten und Zeit zu sparen, ist es häufig ratsam, zunächst eine außergerichtliche Einigung anzustreben. Gerade wenn Sie zu Ihrem Gegner in einem persönlichen Verhältnis stehen (z. B. Nachbarschaft, Arbeitsverhältnis o. ä.), ist eine gütliche Einigung sogar sehr zu empfehlen: Denn Sie müssen ja weiterhin miteinander auskommen.
Ihr Anwalt ist auch für solche Schlichtungsverhandlungen der geeignete Berater. Er bespricht mit Ihnen die effektivste Vorgehensweise und führt gegebenenfalls für Sie die Gespräche.
Darüber hinaus gibt es Anwälte, die sich darauf spezialisiert haben, in außergerichtlichen Verhandlungen als Vermittler zu fungieren. Ein solcher so genannter Mediator kann den Streit zwar nicht entscheiden, er kann jedoch durch eine geschickte Gesprächsführung die Parteien dazu bewegen, selbst eine Kompromisslösung zu finden.
Kommt keine Einigung zustande oder sind außergerichtliche Einigungsversuche von vornherein aussichtslos, kann eine gerichtliche Klärung in Betracht gezogen werden. Ihr Anwalt wird Sie dabei zuvor über Ihre Erfolgsaussichten aufklären. Sie sollten mit Ihrem Anwalt auch vorab klären, welche Kosten auf Sie zukommen können. Derjenige, der eine Klage bei Gericht einreicht, ist nämlich zuerst einmal auch derjenige, der die Gerichtsgebühren zu zahlen hat.

Außerdem können durch den Übergang in das gerichtliche Verfahren auch weitere Anwaltskosten entstehen. Erst nach einem obsiegenden Urteil können Sie die Verfahrenskosten, das heißt die Gerichtsgebühren und Ihre Anwaltskosten, von Ihrem Gegner einfordern.

Das Gerichtsverfahren wird durch die Einreichung einer Klageschrift eröffnet. Diese Klageschrift wird anschließend vom Gericht dem Prozessgegner zugestellt. Dabei wird eine Frist gesetzt, innerhalb der der Beklagte Stellung nehmen soll. Grundsätzlich wird über den Rechtsstreit mündlich vor dem Gericht verhandelt. Im so genannten Haupttermin wird die Streitigkeit umfassend erörtert und gegebenenfalls werden Beweise erhoben. Die Beweismittel müssen meistens innerhalb einer bestimmten Frist zuvor benannt werden. Es ist deshalb notwendig, Ihrem Anwalt die erforderlichen Informationen (z. B. über Urkunden, Zeugen, Sachverständige, eigene Wahrnehmung) frühestmöglich zukommen zu lassen.

Hat sich das Gericht in diesem Haupttermin eine Meinung gebildet, benennt es einen Termin zur Urteilsverkündung. Nach der Verkündung wird das Urteil den Parteien zugestellt. Kommt das Gericht allerdings zu der Auffassung, dass es noch weiteren Klärungsbedarf gibt, kann es weitere Stellungnahmen oder Beweisaufnahmen anordnen.

Tipp: Auch während des gerichtlichen Verfahrens ist es jederzeit möglich, sich zu einigen beziehungsweise einen Vergleich zu schließen.

wirksam erweisen. Die salvatorische Klausel sieht dann meist vor, dass an die Stelle der unwirksamen Bestimmung die gesetzliche Regel treten soll.

Schlichtungsverfahren

Bei Streitigkeiten mit einem Gegenstandswert von bis zu 750 Euro, bei Nachbarschaftsklagen und solchen wegen der Verletzung der persönlichen Ehre muss der Betroffene nach den Landesschlichtungsgesetzen der meisten Bundesländer zunächst eine Schlichtungsstelle aufsuchen, bevor er vor dem Amtsgericht Klage erheben darf. Das soll die Justiz entlasten.

Schlüssigkeit

Wer einen Anspruch vor Gericht einklagt oder sich dagegen zur Wehr setzt, muss die dahin führenden Tatsachen selbst überzeugend begründen oder entkräften. Unschlüssig ist eine Klage zum Beispiel dann, wenn jemand einen Vertragspartner auf Zahlung des Kaufpreises verklagt, in dem Schriftsatz aber einräumt, ihm den Betrag im Anschluss an eine gemeinsame Zechtour erlassen zu haben.

Schuldnerverzug

Wird eine Leistung aus einem Schuldverhältnis, zum Beispiel die Kaufpreiszahlung aus einem Kaufvertrag, nicht rechtzeitig erbracht, so kann der

Schuldner in Verzug geraten. Folge: Er muss zusätzlich Verzugszinsen zahlen. Außerdem kann der Gläubiger, wenn er das Interesse an der Erfüllung des Vertrages verloren hat, Schadensersatz wegen Nichterfüllung verlangen. Voraussetzung des Schuldnerverzugs: Die Leistung muss fällig und frei von Einreden (Bsp.: Verjährung) sein.

Selbstständiges Beweisverfahren

Dieses dient der Sicherung von Beweismitteln vor der Einreichung einer Zivilklage. Das selbstständige Beweisverfahren kommt insbesondere dann in Betracht, wenn der Verlust eines Beweismittels droht (z. B. Pfusch am Bau oder im Krankenhaus).

Sicherungsübereignung

Die Sicherungsübereignung beweglicher Sachen hat den wirtschaftlichen Sinn, einem Darlehensgeber, meist einer Bank, eine Verwertungsmöglichkeit an der Sache und damit Sicherheit zu geben, falls der Schuldner die Forderung nicht zahlt. Die Sicherungsübereignung ermöglicht dem Schuldner, mit dem Sicherungsgut weiter arbeiten zu können, auch wenn er bis zur Rückzahlung der zu sichernden Forderung kein Eigentümer (mehr) ist.

Strafantrag

Neben den sog. Offizialdelikten, in denen die Strafverfolgung von Amts wegen erfolgt, gibt es auch so genannte Antragsdelikte, die von der Staatsanwaltschaft nicht von selbst, sondern eben grundsätzlich nur auf Antrag des Verletzten verfolgt werden – so etwa beim Hausfriedensbruch oder der Beleidigung. Ein Strafantrag ermöglicht dann Staatsanwaltschaft oder Polizei erst die Strafverfolgung.

Strafbefehl

Anstelle eines Strafurteils kann der Strafrichter auch einen Strafbefehl erlassen, wenn er den Beschuldigten vorher angehört hat und es sich bei der im Raum stehenden Straftat um ein Vergehen (Strafandrohung unter 1 Jahr) handelt. Legt der Beschuldigte nicht innerhalb von 2 Wochen Einspruch gegen den Strafbefehl ein, steht dieser einem rechtskräftigen Urteil gleich. Mit einem Strafbefehl können nur Freiheitsstrafen von maximal einem Jahr auf Bewährung und/oder Geldstrafen verhängt werden. Außerdem kann ein Fahrverbot ausgesprochen oder die Fahrerlaubnis entzogen werden.

Streitwert

Dem Streitwert kommt in der gerichtlichen Praxis erhebliche Bedeutung zu. Der Streitwert kann entscheidend dafür sein, vor welchem Gericht die Klage zu erheben ist. Außerdem werden danach die Gerichtskosten bemessen und ggf. wird darüber entschieden, ob ein erstinstanzliches Urteil überhaupt mit Rechtsmitteln angegriffen werden kann.

Bei Geldansprüchen – zum Beispiel dem Kaufpreis für ein Auto – bestimmt sich der Streitwert nach dem Wert der Forderung.

Stufenklage

Mit der Stufenklage kann der Kläger mehrere Klageziele verbinden. Beispiel: Nach der Scheidung erfährt die Frau, dass ihr früherer Ehemann während der Ehe vermutlich Vermögen verschwiegen hat, das eigentlich in den Zugewinnausgleich gehört hätte. Da er nähere Angaben verweigert, kann sie von ihm im Wege der Stufenklage erstens Auskunft über das Geld und ggf. zweitens die Abgabe einer eidesstattlichen Versicherung verlangen. Außerdem kann sie drittens schon einmal eine unbezifferte Zahlungsklage erheben – falls der Ehemann über höheres Vermögen als bisher angegeben verfügt. Auch im Erbrecht spielt die Stufenklage mitunter eine Rolle.

Stundung

Stundung ist das Hinausschieben der Fälligkeit einer Leistung durch Vertrag oder gerichtliche Entscheidung.

Testamentsvollstrecker

Der Testamentsvollstrecker wird in der Regel vom Erblasser eingesetzt, um das Erbe nach dessen Tod unter den Erben nach bestimmten Regeln aufzuteilen oder das Erbe zu verwalten. Der Testamentsvollstrecker nimmt den Nachlass in Besitz, er darf zum Nachlass gehörende Gegenstände veräußern und durch Eingehung von Schulden belasten. Gleichzeitig sind den Erben über Nachlassgegenstände, die der Testamentsvollstreckung unterliegen, die Hände gebunden – sie dürfen diese weder veräußern oder sonst welche Verfügungen treffen.

Urkundsprozess

In einem Urkundsprozess müssen sämtliche relevanten Tatsachen durch Vorlage von Urkunden bewiesen werden. Es handelt sich um eine besondere Verfahrensart im Zivilprozess, die dem Gläubiger einer Geldforderung ein schnelles, vorläufig vollstreckbares Urteil bringt. Im Optimalfall wird das Urteil dann schon nach vier bis sechs Wochen erlassen.

Verbrauchsgüterkauf

Darunter versteht man Verträge über bewegliche Sachen zwischen einem Verkäufer, der Unternehmer und einem Käufer, der Verbraucher ist. Verbraucher erhalten bei Vorliegen dieses Vertragstypus zusätzliche Rechte, die vertraglich nicht ausgeschlossen werden können. Unter anderem muss der Verbraucher die Kaufsache nicht bezahlen, wenn sie auf dem Weg zu ihm zerstört wird – das ist im sonstigen Kaufrecht abweichend geregelt. Zeigt sich innerhalb von sechs Monaten nach der Übergabe der Sache ein Mangel, so wird vermutet, dass die Sache bereits bei Gefahrübergang mangelhaft war – d. h. der Unternehmer muss im Streitfall beweisen, dass er eine mangelfreie Sache geliefert hat. Außerdem dürfen die Verjährungsfristen von zwei Jahren für neue bzw. von einem Jahr für gebrauchte Sachen nicht abgekürzt werden.

Verdachtskündigung

Normalerweise darf der Arbeitgeber einem Mitarbeiter nur kündigen, wenn ein Kündigungsgrund vorliegt und sich der Arbeitgeber hierbei auf tatsächlich vorhandene Tatsachen stützen kann. Bei der Verdachtskündigung ist das anders: Hier will der Arbeitgeber einem Mitarbeiter kündigen, weil er ihn einer Straftat verdächtigt, dies aber (noch) nicht beweisen kann. Da insoweit auch Unschuldige betroffen sein können, sind die Anforderungen an eine Verdachtskündigung sehr streng.

Verfassungsbeschwerde

Mit der Verfassungsbeschwerde kann sich jeder an das höchste deutsche Gericht, das Bundesverfassungsgericht in Karlsruhe, wenden, wenn er glaubt, durch die öffentliche Gewalt in einem seiner Grundrechte verletzt worden zu sein. Unter den Begriff der öffentlichen Gewalt fallen Handlungen und Unterlassungen des Gesetzgebers, Urteile anderer Gerichte und Verfügungen sowie Verwaltungsakte der Behörden. Vor der Erhebung einer Verfassungsbeschwerde muss der Rechtsweg vor den Fachgerichten ausgeschöpft worden sein.

Vergleich

Mit Hilfe des Vergleichs, eines schuldrechtlichen Vertrags, soll ein Streit zwischen zwei Parteien gütlich durch gegenseitiges Nachgeben beendet werden.

Verjährung

Zivilrechtliche Ansprüche, genauso wie der Strafverfolgungsanspruch des Staates, bestehen aus Gründen der Rechtssicherheit und des Rechtsfriedens nicht bis in alle Ewigkeit. Vielmehr können sie durch Zeitablauf verjähren. Deshalb kann sich der Anspruchgegner im Zivilrecht ab einem bestimmten Zeitpunkt gegenüber dem Anspruchsinhaber auf die Verjährung berufen und damit die Leistung verweigern. Der Beginn der Verjährung ergibt sich aus dem Gesetz. Darin wird nach der Art der Ansprüche unterschieden. Die Regelverjährung beträgt drei Jahre.

Versäumnisurteil

Erscheint eine Partei im Zivil- oder Arbeitsprozess nicht oder ist sie nicht durch einen Prozessbevollmächtigten vertreten, obwohl bei dem betreffenden Gericht Anwaltszwang besteht, kann das Gericht auf Antrag der Gegenseite ein Versäumnisurteil zu Gunsten der anwesenden Partei erlassen. Dagegen kann die in Abwesenheit verurteilte Partei innerhalb von zwei Wochen Einspruch einlegen. Wer von einem Versäumnisurteil betroffen ist, sollte umgehend einen Anwalt konsultieren, um in einer derartigen Prozesssituation keine formellen Fehler zu begehen.

Verschulden

In weiten Teilen der deutschen Rechtsordnung gilt das Verschuldensprinzip. Schuldhaft handelt nur, wem ein rechtswidriges Verhalten persönlich vorwerfbar ist. Verschulden setzt die Zurechnungsfähigkeit voraus. Das ist zum Beispiel bei Kindern unter 7 Jahren oder bei bestimmten Geisteskrankheiten Erwachsener nicht der Fall. Auch Alkohol- oder Drogenmissbrauch kann die Zurechnungsfähigkeit ausschließen. Der Schuldvorwurf geht dann allerdings dahin, dass sich die betreffende Person bewusst in diesen Zustand gebracht hat. Verschulden setzt zumeist Vorsatz oder Fahrlässigkeit voraus.

Versorgungsausgleich

Ähnlich wie beim Zugewinnausgleich werden unter Eheleuten im Fall der Scheidung auch die während der Ehezeit erworbenen Rentenanwartschaften verglichen. Ergibt sich dabei eine Differenz, muss der Ehepartner mit den höheren Anwartschaften die Hälfte des Differenzbetrages ausgleichen.

Vertreten müssen

Im Zivilrecht spricht das Gesetz häufig von „Vertreten müssen“ statt von Verschulden. Zu vertreten hat der Schuldner grundsätzlich Vorsatz oder Fahrlässigkeit.

Vollstreckung

Wer trotz rechtskräftigen oder für vorläufig vollstreckbar erklärten Urteils seiner Leistung nicht nachkommt, der muss damit rechnen, dass der Prozessgegner seinen Anspruch mit staatlichen Zwangsmitteln durchsetzen lässt. Das geschieht bei der Vollstreckung in das bewegliche Vermögen zumeist durch Pfändungen des Gerichtsvollziehers in einzelne Sachen oder Bankkonten. Soweit der Schuldner Immobilienvermögen besitzt, kommt auch die Eintragung einer Zwangshypothek in Betracht.

Vorkaufsrecht

Will zum Beispiel ein Mieter verhindern, dass die Wohnung, in der er derzeit wohnt, in der Zukunft einen neuen Eigentümer bekommt und er Gefahr läuft, dass dieser dann das Mietverhältnis wegen Eigenbedarfs kündigt, sollte er sich in den Mietvertrag ein Vorkaufsrecht hineinschreiben lassen.

Vorläufiger Rechtsschutz

siehe einstweilige Verfügung

Vormundschaft

Wenn ein Kind keine Eltern mehr hat oder den Eltern das Sorgerecht entzogen wurde, bestimmt das Amtsgericht von Amts wegen einen Vormund.

Vorsatz

Vorsatz ist das Wissen und Wollen eines rechtswidrigen Erfolges. Genauso wie bei der Fahrlässigkeit kennt das deutsche Recht auch beim Vorsatz verschiedene Verschuldensgrade – nämlich die Absicht (dem Täter kommt es gerade auf die Zufügung des Schadens an), den direkten Vorsatz (der Täter weiß sicher, dass der Schaden eintreten wird, obwohl dieser nicht sein eigentliches Ziel ist) und den bedingten Vorsatz (der Täter nimmt billigend in Kauf, dass der Schaden entstehen könnte, obwohl er nicht sein eigentliches Ziel ist).

Widerrufsrecht

Dies ist die gesetzliche oder vertragliche Möglichkeit, eine Erklärung zurückzunehmen (vgl. auch Haustürgeschäft). Verbraucher genießen zum Beispiel dann ein Widerrufsrecht, wenn sie mit einem Unternehmer einen so genannten Fernabsatzvertrag geschlossen haben. Darunter fallen Verträge über die Lieferung von Waren oder die Erbringung von Dienstleistungen unter ausschließlicher Verwendung von Fernkommunikationsmitteln (Telefon, Internet o. ä.). Wer also zum Beispiel in einem Internetshop Waren kauft, kann den Kauf innerhalb bestimmter Fristen widerrufen.

Wiedereinsetzung in den vorigen Stand

Wer vor Gericht eine Frist versäumt hat, der kann die Wiedereinsetzung in den vorigen Stand beantragen. Kam es ohne Verschulden des Antragstellers zu dem Versäumnis, gilt die Fristüberschreitung als geheilt.

Wohnrecht

Das Wohnrecht kann etwa relevant werden, wenn Eltern ihren Kindern aus Steuerspargründen die selbst bewohnte Immobilie schon zu Lebzeiten übertragen möchten. Wollen die Eltern dann auch noch bis an ihr Lebensende in der Immobilie wohnen bleiben, sollten sie sich im Grundbuch ein Wohnrecht an erster Rangstelle eintragen lassen.

Zession

siehe Abtretung

Zeugnis

Jeder Arbeitnehmer hat bei Beendigung des Arbeitsverhältnisses Anspruch auf Erteilung eines Arbeitszeugnisses. Während das einfache Zeugnis nur Auskunft über Art und Dauer der Beschäftigung gibt, enthält das qualifizierte Zeugnis auch Angaben über die Führung und Leistung des Arbeitnehmers. Der Arbeitgeber unterliegt dabei der Wahrheitspflicht, darf den Arbeitnehmer andererseits aber nicht am beruflichen Fortkommen hindern.

Zeugnisverweigerungsrecht

Bestimmte Zeugen haben im Zivilprozess und in den übrigen Prozessordnungen das Recht, die Aussage und den Eid zu verweigern. Ein Zeugnisverweigerungsrecht haben zum Beispiel nahe Verwandte, Berufsgeheimnisträger (insbesondere Rechtsanwälte) und Personen, die der Amtsverschwiegenheit unterliegen.

Zugewinngemeinschaft

siehe Güterstand

Zustellung

Unter Zustellung versteht man die Bekanntgabe eines Schriftstücks oder von Entscheidungen an eine Person in einer bestimmten Form. In der Regel erfolgt die Zustellung durch die Übergabe des Schriftstücks durch den Empfänger. Das kann durch einen Gerichtsvollzieher, die Post, Beamte des Gerichts oder von Anwalt zu Anwalt geschehen.

Zwangsverwaltung

Bis zu der eigentlichen Zwangsversteigerung einer Immobilie können oft Jahre vergehen. Da der Eigentümer z. B. eines Mietshauses bis zum Zwangsversteigerungstermin weiter die Mieteinnahmen für sich behalten darf, ordnet das Gericht in solchen Fällen gern die Zwangsverwaltung an. Dann gehen die Erträge bzw. Nutzungen aus einer

Immobilie, sofern sie die Kosten des Verfahrens übersteigen, direkt an die Gläubiger.

Zwangs-vollstreckung

siehe Vollstreckung